IA pour Débutants Absolus

Comment l'intelligence artificielle transforme le monde — et comment vous pouvez en profiter

Par Joe Correa

Publié par **Live Stronger Faster**

Première édition

Table des matières

Introduction

Bienvenue dans **IA pour Débutants Absolus** – votre première étape essentielle dans le monde puissant, passionnant et en pleine transformation de l'intelligence artificielle.

Si vous vous êtes déjà senti dépassé par le jargon technologique ou si vous avez pensé que l'IA était réservée aux programmeurs et aux génies de la Silicon Valley, ce livre a été conçu pour vous. Vous n'avez pas besoin d'un diplôme en informatique. Vous n'avez pas besoin de savoir coder. Tout ce dont vous avez besoin, c'est de curiosité et d'un désir de progresser personnellement, professionnellement et financièrement à l'ère de l'intelligence artificielle.

Dans ce livre, je vais vous guider à travers plusieurs sujets essentiels : ce qu'est réellement l'intelligence artificielle, expliqué en termes simples ; pourquoi l'IA n'est pas simplement une tendance passagère, mais un changement durable comparable à l'arrivée d'Internet ou de l'électricité ; comment l'IA transforme déjà presque tous les secteurs – de la santé à la finance en passant par l'immobilier ; les outils et applications que vous pouvez commencer à utiliser dès aujourd'hui ; et surtout, comment transformer l'IA en source de revenus, même si vous débutez.

Nous commencerons par les bases : les différents types d'intelligence artificielle, la différence entre l'apprentissage automatique (machine learning) et l'apprentissage profond (deep learning), et ce que signifient réellement des termes comme « IA générative », « GPT » et « réseaux neuronaux ».

Mais nous ne nous arrêterons pas à la théorie. Ce livre regorge de méthodes pratiques pour tirer profit de l'IA — que vous soyez travailleur indépendant, entrepreneur, étudiant, parent ou simplement quelqu'un qui souhaite plus de liberté dans sa vie.

Vous découvrirez comment des personnes ordinaires utilisent des outils tels que **ChatGPT** pour rédiger du contenu, des emails et des plans d'affaires ; **Midjourney** et **DALL·E** pour créer des œuvres d'art, des logos et du contenu pour les réseaux sociaux ; **ElevenLabs** et **Resemble.AI** pour produire des livres audio et des voix off ; **Synthesia** et **HeyGen** pour réaliser des vidéos sans apparaître à la caméra ; et **Notion AI**, **Claude** et d'autres outils pour améliorer considérablement la productivité et automatiser le travail.

Tout au long de ce livre, je partagerai également des histoires réelles — celles de personnes qui ne connaissaient rien à l'intelligence artificielle il y a un an et qui gagnent aujourd'hui entre 1 000 et plus de 10 000 dollars par mois grâce à de simples outils d'IA. Leur réussite ne vient pas du fait qu'elles ont été les premières à adopter ces technologies. Elle vient du fait qu'elles ont décidé de passer à l'action.

Il ne s'agit pas d'un effet de mode. Il s'agit d'une opportunité. L'intelligence artificielle est déjà là. Elle transforme les emplois, les entreprises et les économies — et nous n'en sommes qu'au début.

Vous pouvez soit rester spectateur, soit apprendre à utiliser cette puissance pour améliorer votre vie et atteindre vos objectifs.

Si vous êtes prêt à comprendre l'IA, à l'appliquer et à en tirer profit, vous êtes au bon endroit.

Commençons votre voyage vers la maîtrise de l'intelligence artificielle — aucune expérience préalable n'est nécessaire.

Chapitre 1 : Qu'est-ce que l'intelligence artificielle ?

L'intelligence artificielle (IA) est une branche de l'informatique qui se concentre sur la création de systèmes capables d'effectuer des tâches qui nécessitent normalement l'intelligence humaine. Ces tâches comprennent la compréhension du langage, la reconnaissance de modèles, la résolution de problèmes et la prise de décisions.

Mais ne vous compliquez pas trop la vie — à la base, l'IA signifie simplement des machines capables « d'apprendre » et d'agir de manière intelligente. Pensez-y comme à un logiciel qui s'améliore au fil du temps en traitant des données et des expériences, un peu comme les humains lorsqu'ils apprennent quelque chose de nouveau.

Les trois types d'IA

Comprendre l'IA devient plus simple lorsqu'on la divise en trois catégories.

L'IA étroite (Narrow AI) : c'est celle que nous utilisons aujourd'hui. Elle est conçue pour accomplir une tâche spécifique — comme recommander un film, faire fonctionner Alexa ou rédiger un email.

L'IA générale (General AI) : cette IA théorique serait aussi intelligente qu'un humain dans tous les domaines. Elle n'existe pas encore.

La super IA (Super AI) : une possibilité future où les machines seraient plus intelligentes que les humains. Pour l'instant, cela relève encore de la science-fiction.

Aujourd'hui, l'IA étroite domine largement, et c'est là que se trouvent toutes les opportunités de profit.

Exemples dans le monde réel

L'IA est déjà partout autour de vous.

Google Maps prédit le trafic grâce à l'IA.
Netflix recommande des séries en fonction de votre historique de visionnage.
Les banques détectent les fraudes en analysant les habitudes de dépenses.
ChatGPT peut rédiger des emails, du contenu et même du code.

Si vous avez utilisé YouTube, Uber, Amazon ou Siri, vous avez déjà utilisé l'intelligence artificielle. L'objectif maintenant n'est plus seulement de l'utiliser — mais de commencer à en tirer profit.

Comment fonctionne l'IA (explication simple)

Au cœur de l'intelligence artificielle se trouvent les données. Les modèles d'IA sont entraînés à partir d'énormes ensembles de données (comme des milliards de phrases ou d'images). Avec le temps, ces modèles apprennent des modèles et les utilisent pour générer des prédictions ou créer du nouveau contenu.

Les types de modèles d'IA les plus populaires comprennent :

L'apprentissage automatique (Machine Learning) — apprend à partir des données et s'améliore.
L'apprentissage profond (Deep Learning) — imite le cerveau humain avec des réseaux neuronaux.
L'IA générative — crée du nouveau contenu (texte, images, audio, etc.).

Des outils populaires comme ChatGPT, Midjourney et DALL·E utilisent l'IA générative.

Pourquoi cela vous concerne

L'IA n'est pas réservée aux ingénieurs ou aux grandes entreprises. En réalité, les plus grandes opportunités sont aujourd'hui accessibles à :

Les freelances qui créent des produits numériques avec l'IA
Les propriétaires de petites entreprises qui automatisent des tâches
Les enseignants qui transforment leurs cours en formations générées par l'IA
Les créateurs qui produisent des voix off et des livres audio sans avoir besoin de s'enregistrer

En bref, l'IA est le grand égalisateur. Vous n'avez pas besoin d'être un expert en technologie pour réussir avec elle — il vous suffit de savoir où l'appliquer et comment transformer les outils d'IA en source de revenus.

Les robots pensent-ils ?

Daniel, un professeur d'histoire de lycée de 43 ans, s'arrêta au milieu d'une gorgée de café, surpris par la curiosité de sa fille de dix ans. Il leva les yeux de son ordinateur portable et sourit. Le soleil du matin entrait dans la cuisine, se reflétant sur son bol de céréales et ses boucles sauvages.

« Eh bien... un peu », répondit-il. « Pas comme nous, mais ils peuvent apprendre maintenant. C'est ça, l'IA. »

Il était récemment tombé sur un article expliquant que certains enseignants utilisaient quelque chose appelé « ChatGPT » pour créer des plans de cours en quelques minutes.

Curieux, il avait essayé ce soir-là — et il avait été stupéfait. Le système écrivait de meilleurs résumés de cours que lui… en quelques secondes.

Ce moment unique s'était transformé en longues soirées de recherches et de tutoriels YouTube. Des termes comme « apprentissage automatique », « réseaux neuronaux » et « GPT » envahissaient désormais son historique de navigation. Daniel, qui n'avait jamais suivi un seul cours de programmation, se retrouvait soudain plongé dans le monde de l'IA — et il adorait ça.

Il découvrit qu'il existait trois niveaux dans tout cela. Les outils qu'il utilisait — comme ChatGPT — faisaient partie de ce qu'on appelle l'IA étroite. Des systèmes conçus pour faire une chose très bien : écrire, générer des images ou alimenter des chatbots de service client. Et ils étaient déjà partout. Même son thermostat l'utilisait.

L'IA générale, apprit-il, était une idée hypothétique — des machines capables de penser et de raisonner comme des humains. Pas encore une réalité. Puis il y avait la super IA. C'était la science-fiction : des machines conscientes, comme dans les films. Fascinant… mais encore très loin.

Daniel devint rapidement passionné par l'idée d'utiliser l'IA pour rendre la vie plus facile. Il demanda à ChatGPT de créer des quiz à choix multiples. Cela lui fit gagner des heures. Il utilisa un générateur vidéo basé sur l'IA pour créer des animations pour ses cours. Ses élèves les adoraient. Puis il tenta quelque chose d'audacieux : il commença à vendre des modèles de leçons sur une plateforme destinée aux enseignants.

La surprise ? Ils se vendaient. Rapidement.

Ce qui lui prenait auparavant tout un week-end à créer ne lui prenait plus que vingt minutes avec ChatGPT. La première semaine, il gagna 86 dollars. Le mois suivant, 342 dollars. Puis plus de 600 dollars le mois d'après.

Il n'utilisait plus simplement l'IA. Il en tirait profit.

Et tout cela sans savoir programmer. Sans quitter sa maison.

Un soir, alors qu'il examinait les téléchargements et les commentaires des clients, Mia passa de nouveau la tête par-dessus son épaule.

« C'est le robot qui t'aide ? » demanda-t-elle.

Daniel sourit. « Oui », répondit-il. « Mais le robot ne me remplace pas. Il travaille pour moi. »

C'est à ce moment-là qu'il comprit quelque chose d'essentiel : l'IA n'était pas quelque chose dont il fallait avoir peur. Ce n'était pas un destructeur d'emplois. C'était un outil — comme une calculatrice ou un micro-ondes. Ceux qui apprendraient à l'utiliser avanceraient plus vite, travailleraient plus intelligemment et vivraient avec plus de liberté.

Daniel ferma son ordinateur portable ce soir-là et réalisa quelque chose de profond. Le monde changeait. Rapidement. Mais pour la première fois dans l'histoire, des gens ordinaires — enseignants, parents, créateurs, freelances — avaient accès au type de technologie autrefois réservé aux géants de la Silicon Valley.

Tout ce qu'il fallait faire… c'était commencer.

Chapitre 2 : Les principaux outils d'IA que vous pouvez utiliser dès aujourd'hui

Vous n'avez pas besoin d'être développeur, data scientist ou ingénieur pour utiliser l'intelligence artificielle. En réalité, les outils d'IA les plus rentables disponibles aujourd'hui sont conçus pour des utilisateurs non techniques. Ils possèdent des interfaces simples et fonctionnent souvent comme Google Docs ou Canva. Beaucoup sont gratuits ou peu coûteux, et ils sont conçus pour vous aider à créer, automatiser et développer vos projets sans aucune expérience préalable.

Considérez ces outils comme des employés virtuels : rédacteurs, designers, monteurs, narrateurs et même conseillers en affaires.

Examinons maintenant les outils les plus populaires et les plus puissants que vous pouvez commencer à utiliser dès aujourd'hui.

Outils basés sur le texte

Ces outils vous aident à générer du contenu, trouver des idées, automatiser des emails ou même créer des entreprises complètes.

ChatGPT (OpenAI)
Utilisation : rédiger des articles de blog, des emails, des descriptions de produits, des scripts, des plans de cours, des textes publicitaires et bien plus encore.
Potentiel de revenus : vendre des ebooks, créer des cours numériques, proposer des services de rédaction freelance, automatiser la communication avec les clients.

Claude (Anthropic)
Utilisation : résumer de longs documents, rédiger du contenu juridique ou technique, ou assister dans la recherche.

Jasper
Utilisation : créer plus rapidement du contenu optimisé pour le référencement et des campagnes marketing. Idéal pour les spécialistes du marketing et les agences.

Outils visuels d'IA

Ces outils génèrent des images, des présentations ou des miniatures vidéo. Ils sont parfaits pour les créateurs de contenu, les designers et les spécialistes du marketing.

Midjourney
Utilisation : créer de magnifiques œuvres d'art générées par l'IA pour des livres, des cours, des affiches, les réseaux sociaux ou des NFT.

Potentiel de revenus : vendre des designs sur Etsy, créer des couvertures pour des livres KDP, proposer des services de design.

DALL·E (OpenAI)
Utilisation : générer rapidement des illustrations, des icônes ou des concepts visuels.

Canva AI
Utilisation : créer des présentations, des logos et des kits de marque grâce aux fonctionnalités texte-vers-image basées sur l'IA.

Outils audio et voix

Ces outils sont parfaits pour les créateurs de podcasts, les producteurs de livres audio, les créateurs de contenu et toute personne souhaitant produire du contenu avec une voix.

ElevenLabs
Utilisation : transformer n'importe quel texte en voix naturelle. Vous pouvez cloner votre propre voix ou utiliser des narrateurs IA.
Potentiel de revenus : créer et vendre des livres audio, des cours, des publicités et des voix off.

Play.ht
Utilisation : générer des voix pour des vidéos ou des cours en ligne.

Descript
Utilisation : enregistrer et monter des podcasts et des vidéos grâce à l'édition basée sur le texte.

Outils de création vidéo

Ces outils vous permettent de produire du contenu vidéo sans jamais utiliser de caméra.

Synthesia
Utilisation : créer des vidéos avec avatars IA pour YouTube, des formations, des publicités et des cours.

HeyGen
Utilisation : créer des vidéos avec présentateur virtuel à partir de texte. Vous pouvez même les traduire dans d'autres langues.

Pictory et Invideo
Utilisation : transformer des articles de blog ou des scripts en vidéos courtes et captivantes pour TikTok, YouTube Shorts et Instagram Reels.

Outils d'automatisation et de productivité

Ces outils vous feront gagner du temps et vous aideront à construire des systèmes qui fonctionnent automatiquement.

Notion AI
Utilisation : gérer vos projets, rédiger des notes, créer des plans d'affaires et générer des idées.

Zapier
Utilisation : connecter vos outils d'IA et automatiser des tâches (par exemple envoyer automatiquement les prospects d'un formulaire vers votre email et Google Sheets).

Chatbase
Utilisation : créer des chatbots personnalisés entraînés à partir de vos propres documents ou de votre site web.

Comment choisir les bons outils

Vous n'avez pas besoin de tous ces outils. Commencez par un ou deux en fonction de ce que vous souhaitez créer.

Objectif : écrire un ebook
Outils recommandés : ChatGPT ou Claude

Objectif : créer des cours vidéo
Outils recommandés : Synthesia ou Invideo

Objectif : vendre des produits numériques
Outils recommandés : Canva, ChatGPT, Midjourney

Objectif : narrer des livres audio
Outils recommandés : ElevenLabs

Objectif : créer des chatbots ou automatiser des processus
Outils recommandés : Chatbase et Zapier

Les créateurs les plus intelligents choisissent un flux de travail simple et le répètent. Par exemple :

Écrire du contenu avec ChatGPT
Le transformer en vidéo avec Invideo
Utiliser ElevenLabs pour créer la voix off
Vendre le résultat sur une plateforme comme YouTube, Etsy ou Udemy

Récapitulatif

Les outils d'intelligence artificielle sont votre nouvelle équipe. Ils vous permettent d'aller plus vite, de créer à moindre coût et d'atteindre un public plus large que jamais auparavant. Vous n'avez pas besoin de tous les apprendre. Choisissez simplement ceux qui correspondent à vos compétences ou à vos objectifs de revenus et concentrez-vous dessus.

Ensuite, nous allons suivre l'histoire d'une personne qui a commencé avec un seul de ces outils et qui a complètement transformé son avenir financier.

Elle était épuisée.

Julia regardait son téléphone. Il était 2 h 07 du matin.

Son bébé venait enfin de s'endormir après une nuit difficile à cause de la poussée dentaire, et la vaisselle s'empilait encore dans l'évier. Elle n'était pas seulement fatiguée. Elle se sentait coincée.

Ancienne graphiste devenue mère au foyer, Julia essayait de joindre les deux bouts en vendant des impressions numériques faites à la main sur Etsy. Mais entre les changements de couches et les courses, elle n'avait jamais le temps de créer quelque chose de nouveau.

Un soir, en parcourant un groupe Facebook pour mamans entrepreneures, quelqu'un mentionna un outil appelé Midjourney — une IA capable de transformer de simples phrases en œuvres d'art impressionnantes.

Sceptique mais curieuse, Julia téléchargea Discord et écrivit sa première commande : « Illustrations d'animaux pour chambre d'enfant en aquarelle, couleurs pastel douces ».

Le résultat la stupéfia. Les images étaient meilleures que tout ce qu'elle avait jamais dessiné. Et elles prenaient seulement quelques secondes à générer.

Cette nuit-là, elle créa quinze nouvelles illustrations avec Midjourney. Le lendemain, elle les téléchargea dans sa boutique Etsy avec de nouveaux titres et mots-clés. À la fin de la semaine, elle avait réalisé 96 dollars de ventes numériques — plus que durant tout le mois précédent.

Elle alla encore plus loin.

Elle découvrit ChatGPT, qui l'aida à rédiger les descriptions de produits et les légendes pour les réseaux sociaux. Puis elle trouva Canva AI, qui lui permit de créer des visuels Pinterest en quelques minutes. Ensuite, Pictory lui permit de créer de courtes vidéos TikTok sans montrer son visage — simplement avec des images libres de droits, du texte et une narration générée par l'IA.

En deux semaines, sa boutique passa de quelques ventes occasionnelles à des notifications quotidiennes.

Son mari n'en revenait pas.

« Tu veux dire qu'un robot a peint cette girafe ? » demanda-t-il en riant, en tenant une impression encadrée.

« Non », répondit-elle en souriant. « C'est moi qui l'ai faite... avec un peu d'aide. »

Julia n'était pas programmeuse. Elle ne se considérait pas comme une experte en technologie. Elle avait simplement envie d'essayer, d'expérimenter, de construire quelque chose capable de générer des revenus pendant que sa fille faisait la sieste.

À la fin de son premier mois d'utilisation des outils d'IA, elle avait mis en place un système efficace.

Elle utilisait ChatGPT pour trouver des idées de produits et des mots-clés SEO.
Elle utilisait Midjourney pour générer des images originales.
Elle utilisait Canva pour créer des packs de produits et des maquettes.
Elle utilisait Pictory et ElevenLabs pour transformer ses annonces en courtes publicités vidéo pour Instagram.

Tout ce qu'elle avait autrefois du mal à créer lui prenait maintenant quelques minutes. Et les ventes continuaient de grimper. Les 96 dollars devinrent 284 dollars. Puis 787 dollars.

Julia réalisa qu'elle n'avait pas à choisir entre la maternité et la liberté financière. L'IA lui permettait d'avoir les deux.

C'est alors qu'elle commença à dire à tout le monde : « Vous n'avez pas besoin d'être expert en IA — vous devez simplement savoir l'utiliser intelligemment. »

Et elle ne faisait que commencer.

Chapitre 3 : 10 vraies façons de gagner de l'argent avec l'IA dès cette semaine

L'objectif de ce chapitre est de reprendre tout ce que vous avez appris jusqu'à présent et de vous montrer exactement comment de vraies personnes transforment des outils d'intelligence artificielle gratuits ou peu coûteux en sources de revenus — même sans expérience préalable.

Ce ne sont pas des théories. Ce sont des méthodes concrètes, accessibles et à fort potentiel pour gagner de l'argent en utilisant des outils comme ChatGPT, Midjourney, ElevenLabs et bien d'autres.

Passons en revue les dix meilleures.

1. Vendre des impressions numériques ou de l'art sur Etsy

Utilisez Midjourney ou DALL·E pour créer des illustrations originales, des affiches, des livres de coloriage ou des décorations pour chambres d'enfants. Ensuite, téléchargez-les sur Etsy sous forme de fichiers numériques à télécharger.

Exemple de revenus :
Une impression numérique vendue 5 dollars
10 ventes par jour = 50 dollars par jour ou 1 500 dollars par mois

Une fois téléchargé sur la plateforme, cela devient un revenu passif.

Outils : Midjourney, Canva, ChatGPT (pour le SEO et les descriptions de produits)

2. Créer et vendre des ebooks ou des cahiers d'exercices

Rédigez de courts guides pratiques ou des histoires pour enfants avec ChatGPT, mettez-les en forme dans Canva et publiez-les sur Amazon KDP ou Gumroad.

Exemple de revenus :
Un ebook de 25 pages vendu 9 dollars
50 ventes par mois = 450 dollars par mois.

Outils : ChatGPT, Canva, Amazon KDP

3. Proposer des services freelance améliorés par l'IA

Ajoutez l'IA à vos services de rédaction, de correction ou de design freelance. Proposez des délais de livraison rapides grâce à des outils comme Jasper, Grammarly ou Canva.

Exemple de revenus :
Facturer 100 dollars par article
Livrer 3 articles par jour grâce à l'IA = 300 dollars par jour.

Outils : ChatGPT, Jasper, Canva, Grammarly

4. Lancer une chaîne YouTube sans montrer votre visage

Utilisez Pictory, ChatGPT et ElevenLabs pour créer des vidéos YouTube. L'IA peut écrire le script, générer la voix et produire la vidéo.

Exemple de revenus :
Une vidéo virale peut générer entre 100 et 1 000 dollars de revenus publicitaires
50 vidéos ou plus peuvent générer entre 1 000 et 5 000 dollars par mois avec les liens d'affiliation et les publicités.

Outils : Pictory, ElevenLabs, ChatGPT

5. Créer et vendre des cours ou des tutoriels numériques

Utilisez ChatGPT pour construire votre programme de formation. Utilisez Synthesia ou HeyGen pour créer les vidéos. Vendez les cours sur Udemy, Teachable ou Kajabi.

Exemple de revenus :
Cours vendu 97 dollars
100 ventes = 9 700 dollars
Créer une fois, vendre indéfiniment.

Outils : ChatGPT, Synthesia, Kajabi, Canva

6. Créer et vendre des voix IA, des livres audio ou des podcasts

Utilisez ElevenLabs pour narrer des livres audio, des articles ou des vidéos YouTube. Vous pouvez vendre des livres audio sur Findaway Voices ou proposer des services de voix off sur Fiverr.

Exemple de revenus :
75 dollars pour une narration de 30 minutes
10 projets par mois = 750 dollars par mois.

Outils : ElevenLabs, Descript, Findaway Voices

7. Créer des blogs de niche ou des sites d'affiliation avec l'IA

Utilisez ChatGPT pour écrire des articles de blog, des critiques de produits et des guides. Monétisez avec les programmes d'affiliation Amazon, la publicité ou les partenariats.

Exemple de revenus :
Entre 200 et plus de 1 000 dollars par mois avec le trafic et les ventes d'affiliation.

Outils : ChatGPT, Jasper, WordPress, Surfer SEO

8. Créer et revendre des comptes YouTube Shorts ou Instagram sans visage

Produisez du contenu court avec Invideo, CapCut et des voix générées par l'IA. Développez l'audience puis vendez la page ou monétisez-la avec des liens d'affiliation.

Exemple de revenus :
Les comptes avec plus de 10 000 abonnés peuvent se vendre entre 2 000 et plus de 10 000 dollars.

Outils : Invideo, ElevenLabs, CapCut

9. Créer des chatbots ou des outils alimentés par l'IA

Utilisez des plateformes comme Chatbase ou ManyChat pour créer des chatbots intelligents pour le service client ou la génération de prospects, puis vendez-les à des petites entreprises.

Exemple de revenus :
Facturer 99 dollars par mois par client
10 clients = 990 dollars par mois en revenus récurrents.

Outils : Chatbase, Notion, Zapier

10. Regrouper des services ou des produits dans une agence IA

Créez une micro-agence offrant des services complets alimentés par l'IA, comme la création de contenu, la production vidéo, les voix off et l'automatisation — tout cela réalisé avec des outils.

Exemple de revenus :
500 dollars par mois par client × 10 clients = 5 000 dollars par mois.

Outils : combinaison complète (ChatGPT, Canva, Synthesia, Zapier)

Conseil final : choisissez une seule méthode et commencez petit.

N'essayez pas les dix méthodes en même temps. Choisissez-en une qui correspond à vos compétences ou à vos intérêts. Passez un week-end à la tester. Une fois que vous commencez à obtenir des résultats, vous pourrez externaliser certaines tâches, automatiser avec d'autres outils d'IA et développer votre activité.

Parlons maintenant de Carlos.

Il venait de perdre son emploi.

Après cinq années passées dans le support technique pour une entreprise de taille moyenne, un simple email avait mis fin à son salaire. « Nous réduisons nos effectifs. Merci pour votre service. » C'était tout.

Pas d'indemnité de départ. Aucun avertissement. Juste un ordinateur portable qu'il devait rendre et une vague promesse de « rester en contact ».

À 34 ans, avec le loyer à payer et aucun emploi en vue, la panique commençait à s'installer. Mais au lieu de passer des heures à faire défiler des mauvaises nouvelles, Carlos ouvrit son navigateur et tapa : « Comment gagner de l'argent avec l'IA ».

Il avait déjà entendu parler de ChatGPT. Un ami lui avait montré comment il pouvait répondre aux emails presque comme par magie. Mais il n'avait jamais pensé l'utiliser pour gagner de l'argent. Cette nuit-là, la curiosité devint une obsession. Il plongea dans un flot de tutoriels, de discussions sur Reddit et de vidéos YouTube montrant des personnes utilisant l'IA pour lancer des chaînes YouTube, vendre des livres ou créer de l'art — sans programmation, sans caméra et sans compétences en design.

Au matin, Carlos avait un plan.

Il ouvrit un nouveau document Google et demanda à ChatGPT : « Donne-moi dix idées de chaînes YouTube sans visage qui coûtent peu à lancer et peuvent gagner de l'argent rapidement ».

La réponse arriva instantanément avec des idées comme :

Top 10 de faits intéressants
Citations inspirantes
Courtes biographies
Conseils de vie pour adolescents
Conseils pour la santé mentale

Carlos choisit un thème : les conseils de vie pour adolescents.

Il demanda à ChatGPT d'écrire cinq scripts vidéo de moins de 90 secondes. Cela prit moins de dix minutes. Ensuite, il se rendit sur Pictory.ai, téléversa l'un des scripts et choisit un thème vidéo de fond. Pictory transforma automatiquement le texte en vidéo en ajoutant des images libres de droits, des sous-titres et des transitions.

Pour la voix, il s'inscrivit sur ElevenLabs, choisit une voix de narrateur calme et amicale, puis colla le script.

Sa première vidéo était prête.

Il la téléversa sur une nouvelle chaîne appelée « GlowUp Talks ». Ce n'était rien de sophistiqué : une vidéo de 60 secondes sans visage donnant des conseils à des lycéens sur la gestion de la pression sociale.

Il répéta ce processus pendant cinq nuits consécutives.

Le sixième jour, l'une des vidéos atteignit 4 800 vues. Les commentaires commencèrent à apparaître. « Cela m'a vraiment aidé. » « Continuez, s'il vous plaît. »

Carlos n'avait jamais ressenti autant d'espoir.

En un mois, il avait publié 30 vidéos courtes en utilisant le même système :

ChatGPT pour les scripts
Pictory pour la vidéo
ElevenLabs pour la voix
Canva pour les miniatures

Il ne montrait pas son visage. Il n'utilisait même pas de microphone. Pourtant, sa chaîne atteignit 1 000 abonnés en seulement 21 jours.

À la quatrième semaine, il gagna 314 dollars grâce aux bonus YouTube Shorts. Il ajouta des liens d'affiliation vers des journaux de santé mentale pour adolescents et des applications de productivité, ce qui lui rapporta 107 dollars supplémentaires.

Il n'était pas riche. Pas encore.

Mais il était libre. Il ne suppliait plus pour obtenir des entretiens. Il ne mettait plus à jour son CV pour des emplois qui ne se souciaient pas de lui. Il construisait quelque chose — selon ses propres règles.

Sa deuxième chaîne ? Il l'a créée avec des recettes générées par l'IA et des images de nourriture générées avec Midjourney. Sa troisième ? Des citations sportives motivantes narrées par des voix IA.

Carlos ne s'est pas simplement remis de son licenciement. Il l'a transformé en tremplin.

Il disait souvent : « L'IA ne m'a pas seulement fait gagner du temps. Elle m'a redonné le contrôle. »

Et c'est finalement de cela qu'il s'agit — pas seulement de gagner de l'argent avec l'intelligence artificielle, mais de l'utiliser pour reprendre le contrôle de votre temps, de votre liberté et de votre avenir.

Chapitre 4 : Comment créer une entreprise individuelle alimentée par l'IA

L'intelligence artificielle ne vous aide pas seulement à gagner de l'argent — elle vous permet de gérer une entreprise entière par vous-même, grâce à l'automatisation, à la délégation et aux systèmes numériques. Ce chapitre vous montre comment lancer une entreprise rentable et évolutive en tant qu'entrepreneur solo en utilisant des outils d'IA — que vous fassiez du freelancing, vendiez des produits numériques ou construisiez une marque en ligne.

Le nouveau modèle d'entreprise : vous + l'IA = une équipe

Autrefois, gérer une entreprise nécessitait une équipe : un rédacteur, un designer, un monteur vidéo, un responsable du service client et un expert technique. Aujourd'hui, vous pouvez remplacer la plupart — voire la totalité — de ces rôles par des outils d'intelligence artificielle qui coûtent entre 0 et 50 dollars par mois au total. Votre équipe alimentée par l'IA peut ressembler à ceci :

Rédacteur : ChatGPT, Jasper
Designer : Canva, Midjourney

Narrateur : ElevenLabs

Monteur vidéo : Invideo, Pictory

Administration : Notion AI, Zapier

Ventes et support : Chatbase, ManyChat

Choisissez un modèle d'entreprise simple

Choisissez l'un de ces modèles d'entreprise à faible risque et adaptés à l'IA.

Produits numériques : créez et vendez des ebooks, des cours, des modèles, des œuvres d'art, des guides ou des planificateurs.

Services freelance : proposez la création de contenu, le design, le SEO, le montage vidéo ou la mise en place d'automatisations.

Marketing d'affiliation : créez un site de niche ou une chaîne YouTube pour promouvoir des produits avec des liens d'affiliation.

Entreprise basée sur le contenu : développez une page YouTube, TikTok ou Instagram monétisée autour d'une niche en utilisant l'IA.

Mettre en place les bases (plan de lancement sur un week-end)

Voici comment construire votre entreprise en un seul week-end.

Jour 1 : marque et offre
Utilisez ChatGPT pour trouver des idées de noms d'entreprise.
Créez votre logo dans Canva.
Définissez votre offre : que vendez-vous ou que promouvez-vous ?

Jour 2 : construire vos actifs
Utilisez l'IA pour créer votre produit, votre contenu ou vos modèles de services.
Créez un site simple ou une page de vente (Carrd, Systeme.io, Gumroad).
Créez trois à cinq publications ou vidéos pour les réseaux sociaux avec Pictory ou Canva.

Jour 3 : lancement et monétisation
Téléversez votre produit sur Gumroad ou Etsy.
Publiez du contenu sur les réseaux sociaux ou sur YouTube.
Ajoutez des liens d'affiliation si nécessaire.
Utilisez Zapier ou Chatbase pour automatiser le support client ou la livraison.

Vous avez maintenant une entreprise entièrement fonctionnelle — sans aucun employé.

Automatiser et développer avec l'IA

Une fois que vous gagnez vos premiers 100 à 500 dollars, voici comment passer au niveau supérieur.

Automatisez l'envoi d'emails avec MailerLite ou Systeme.io.
Créez un chatbot avec Chatbase pour répondre aux questions fréquentes.
Utilisez Zapier pour envoyer les données de prospects ou de ventes vers Google Sheets.
Transformez un seul contenu en cinq formats différents grâce à l'IA : texte, image, audio, vidéo et article de blog.

Erreurs courantes à éviter

Faire tout manuellement : laissez l'IA gérer 80 % des tâches répétitives.

Utiliser trop d'outils : concentrez-vous sur deux ou trois outils principaux que vous utilisez chaque jour.

Compliquer votre offre : gardez-la simple et facile à développer.

Ne pas valider votre produit : utilisez l'IA pour créer rapidement un produit minimum viable et obtenir des retours réels.

Récapitulatif : vous êtes le PDG, l'IA est votre équipe

Une entreprise alimentée par l'IA vous donne le contrôle. Vous n'échangez plus votre temps contre de l'argent et vous n'attendez plus que quelqu'un vous embauche. Vous construisez une source de revenus qui peut fonctionner vingt-quatre heures sur vingt-quatre, même pendant que vous dormez.

Vous n'avez pas besoin d'agrandir votre équipe avec plus d'employés. Vous évoluez grâce à l'automatisation et aux outils.

Et le meilleur dans tout cela ? Vous pouvez le faire à temps partiel, depuis votre téléphone, sans investisseurs ni bureau.

Dans la prochaine histoire, vous rencontrerez quelqu'un qui a construit un revenu à temps plein avec seulement un ordinateur portable, quelques outils d'IA et une décision audacieuse prise durant un week-end.

Tanya n'avait pas occupé d'emploi traditionnel depuis plus de six ans. Non pas parce qu'elle ne le voulait pas, mais parce que la vie en avait décidé autrement.

Elle était l'aidante principale de sa mère, qui souffrait d'une forme précoce de la maladie d'Alzheimer. Entre les médicaments, les repas et les visites chez le médecin, sa vie ne permettait pas des horaires de travail de neuf à cinq ni des routines prévisibles. Ce qu'elle avait en revanche, c'étaient de petits moments de calme — et cela lui suffisait.

Lors de l'un de ces moments, en regardant YouTube, elle vit une vidéo intitulée : « Comment je gère seul une entreprise qui génère 10 000 dollars par mois grâce à l'IA ».

Elle faillit passer la vidéo. Mais quelque chose dans la miniature — une femme assise sur un canapé avec un ordinateur portable, sans bureau ni employés — lui semblait familier.

Tanya cliqua.

Cette vidéo ouvrit une porte dont elle ignorait l'existence. Elle expliquait comment des outils comme ChatGPT, Canva et Gumroad pouvaient être utilisés pour créer des produits numériques comme des listes de contrôle, des journaux et des guides. Elle montrait que l'IA n'était pas seulement destinée aux experts en technologie — elle pouvait aussi servir aux mères, aux aidants et aux créateurs.

Tanya décida d'essayer.

Ce week-end-là, elle demanda à ChatGPT : « Donne-moi dix idées de produits numériques pour les aidants ».

La réponse arriva immédiatement :
Guides de planification des repas
Suivi des médicaments
Journaux de soins pour Alzheimer
Modèles de suivi quotidien
Carnets de soutien émotionnel

Elle en choisit trois et demanda à ChatGPT de rédiger des plans. Ensuite, elle ouvrit Canva, sélectionna un modèle de journal et commença à l'éditer. En vingt-quatre heures, elle avait créé un journal quotidien de soins pour la démence de vingt-cinq pages — avec des cases à cocher, des questions guidées et de l'espace pour les notes.

Elle le téléversa sur Gumroad, fixa le prix à 12 dollars et partagea le lien dans un groupe Facebook de soutien aux aidants. Ce soir-là, elle réalisa sa première vente.

Au cours du mois suivant, Tanya créa une bibliothèque de produits numériques, tous conçus avec l'aide de l'IA :
Un planificateur hebdomadaire de soins
Une fiche imprimable de contacts d'urgence
Une liste de contrôle de bien-être pour les aidants

Elle utilisa ChatGPT pour rédiger les textes. Elle utilisa Canva pour le design. Elle utilisa MailerLite pour mettre en place des emails automatisés pour les personnes téléchargeant des ressources gratuites. Elle construisit toute l'entreprise — chaque produit, chaque page de vente, chaque email — seule.

Les résultats ? Le premier mois, elle gagna 207 dollars. Le deuxième mois : 641 dollars. Le troisième mois : 1 226 dollars.

Mais le plus important était la flexibilité. Elle pouvait travailler pendant les siestes ou tard le soir. Elle ne manquait pas de délais et ne répondait pas à un patron. Elle construisait quelque chose qui lui appartenait — selon ses propres règles.

Pour automatiser le support client, elle ajouta Chatbase, entraîné avec ses questions fréquentes et les instructions de ses produits. Elle intégra Zapier pour mettre à jour automatiquement ses feuilles Google lorsque des ventes étaient réalisées. Sa petite entreprise fonctionnait plus efficacement que beaucoup d'autres avec des équipes complètes.

Les gens commencèrent à lui demander : « Qui fait partie de ton équipe ? »

Tanya souriait et répondait : « Juste moi... et environ cinq robots. »

Son histoire ne parle pas de devenir millionnaire. Elle parle de retrouver sa liberté. Elle ne se sentait plus piégée. L'IA ne lui avait pas seulement donné des outils — elle lui avait donné du **temps, de la dignité et de l'espoir.**

Chapitre 5 : De 0 à 1 000 $ — Votre premier plan de revenus avec l'IA

Vous n'avez pas besoin de plusieurs mois pour générer vos premiers revenus grâce à l'IA. Dans ce chapitre, nous allons suivre un plan d'action sur 7 jours pour passer de zéro à vos premiers 1 000 dollars de revenus alimentés par l'intelligence artificielle, en utilisant les outils et les stratégies déjà présentés.

Que vous soyez complètement débutant ou que vous expérimentiez déjà avec l'IA, cette feuille de route vous aidera à avancer rapidement, à rester concentré et à transformer vos idées en résultats concrets.

Jour 1 : Choisir votre modèle d'entreprise basé sur l'IA

Choisissez l'un des trois modèles qui correspond le mieux à votre temps disponible, à vos compétences et à vos intérêts.

Produits numériques : ebooks, documents imprimables, art généré par IA, modèles.
Création de contenu : YouTube Shorts, Instagram Reels, blogs.
Services freelance : rédaction, correction ou production vidéo améliorées par l'IA.

Ne réfléchissez pas trop longtemps. Choisissez-en un et engagez-vous à le tester pendant les sept prochains jours.

Jour 2 : Choisir votre niche

Utilisez ChatGPT pour affiner votre direction. Par exemple, demandez :

« Donne-moi 10 idées de produits numériques rentables pour les enseignants, les passionnés de fitness, les mamans, les amoureux des animaux, etc. »

Choisissez une niche que vous aimez ou que vous connaissez. Vous avancerez plus vite et produirez de meilleurs résultats.

Jour 3 : Créer votre premier produit ou contenu

Utilisez vos outils :

ChatGPT pour structurer et rédiger le contenu.
Canva pour concevoir un lead magnet, un produit ou un ebook.
Midjourney ou Pictory pour créer des visuels ou des vidéos.
ElevenLabs pour les voix off ou la narration.

Exemples :

Un planificateur de repas de 10 pages pour les professionnels occupés.
Une vidéo motivationnelle pour adolescents narrée par une

voix générée par IA.
Un mini ebook contenant des suggestions d'écriture quotidiennes.

Conseil : ne cherchez pas la perfection, cherchez à terminer.

Jour 4 : Mettre en place votre système de vente

Vous pouvez vendre ou promouvoir votre produit via :

Gumroad pour les produits numériques.
Etsy pour les documents imprimables et l'art généré par IA.
YouTube ou Instagram pour la monétisation de contenu et les liens d'affiliation.
Upwork ou Fiverr pour les services freelance.

Configurez :

Votre page produit ou votre page de service.
Votre méthode de paiement.
Votre stratégie de prix (commencez entre 5 et 50 dollars).

Téléversez votre produit ou publiez votre première vidéo.

Jour 5 : Promouvoir gratuitement

Utilisez des méthodes rapides et gratuites pour attirer l'attention :

Partagez dans des groupes Facebook spécialisés.
Publiez sur Pinterest ou Reddit.
Créez une vidéo teaser de 30 secondes avec Pictory et ElevenLabs.
Envoyez des messages aux personnes de votre audience qui pourraient être intéressées.

Demandez à ChatGPT de rédiger des légendes et des idées de publications. À ce stade, la quantité compte plus que la perfection.

Jour 6 : Automatiser et suivre

Utilisez des automatisations simples :

MailerLite pour envoyer des téléchargements gratuits et promouvoir des offres payantes.
Zapier pour mettre à jour des feuilles de calcul ou recevoir des notifications de ventes.
Chatbase pour répondre aux questions fréquentes sur votre site.

Commencez à construire votre système dès maintenant, même si vous n'avez réalisé qu'une seule vente.

Jour 7 : Ajuster, répéter et développer

Évaluez :

Qu'est-ce qui a généré des clics, des vues ou des ventes ?
Qu'est-ce qui n'a pas fonctionné ?
Demandez à ChatGPT comment améliorer votre approche.

Créez une deuxième offre ou un nouveau contenu pour maintenir l'élan.

Beaucoup de personnes gagnent leurs premiers 100 à 500 dollars en une semaine grâce à ce processus. Pour atteindre 1 000 dollars ou plus :

Lancez plusieurs produits dans votre niche.
Réutilisez votre contenu sur différentes plateformes.
Créez des offres groupées et des ventes complémentaires.

Derniers mots pour ce chapitre

Vos premiers 1 000 dollars avec l'IA ne viendront pas du fait d'être le plus intelligent. Ils viendront du fait de commencer, de publier et de simplifier.

Rappelez-vous : vous n'avez pas besoin de construire l'entreprise parfaite. Lancez simplement une offre simple, alimentée par l'IA, qui résout un problème précis. Tous les outils dont vous avez besoin sont déjà à votre disposition.

Dans la prochaine histoire, vous allez rencontrer quelqu'un qui a fait exactement cela — et qui a transformé sa vie.

Lena avait 64 dollars sur son compte bancaire.

Elle venait de quitter son emploi dans un cabinet dentaire après deux années de travail intense et mal payé. Pas d'économies. Aucun plan de secours. Juste une promesse silencieuse qu'elle s'était faite : « Je vais construire quelque chose qui me donnera le contrôle. »

Ce soir-là, elle regarda une vidéo TikTok qui disait : « Vous pouvez créer et vendre un produit numérique en 24 heures avec l'IA. Commencez avec ChatGPT et Canva. Téléversez sur Gumroad. C'est tout. »

Était-ce vraiment aussi simple ?

Lena n'avait aucune expérience en affaires. Aucun public sur les réseaux sociaux. Mais elle avait un ordinateur portable, le Wi-Fi gratuit d'un café local et énormément de motivation.

Elle ouvrit ChatGPT et écrivit :

« Donne-moi 10 idées de produits numériques pour les personnes qui veulent rester organisées. »

L'IA répondit :

Planificateurs quotidiens
Guides de préparation des repas
Suivi du budget

Listes de tâches pour le ménage
Routines de bien-être

La dernière idée attira son attention.

Elle avait toujours été « l'amie organisée », aidant les autres à structurer leur vie avec des routines, des listes et des tableaux d'inspiration. Pourquoi ne pas transformer cela en produit ?

Elle demanda à ChatGPT de créer une liste hebdomadaire de bien-être avec des blocs de temps, des affirmations et des tâches quotidiennes pour améliorer le bien-être. Ensuite, elle colla le plan dans Canva, choisit un modèle pastel minimaliste, ajouta quelques icônes et créa un PDF propre de 10 pages en moins de trois heures.

Le résultat s'appelait : « Journal de réinitialisation bien-être sur 7 jours ».

Elle le téléversa sur Gumroad, fixa le prix à 9 dollars et publia le lien dans trois groupes Facebook consacrés à la santé mentale et au développement personnel des femmes. Aucune publicité. Aucun site sophistiqué.

Le premier jour : aucune vente.
Le deuxième jour : toujours rien.

Mais le troisième jour, elle se réveilla avec une notification PayPal : « Vous avez reçu 9 dollars de Sarah P. »

Lena faillit pleurer.

Cette petite notification représentait quelque chose de bien plus grand : la preuve qu'elle pouvait créer de la valeur et être payée pour cela sans patron ni horaires imposés.

À la fin de la semaine, elle avait :

Créé deux autres journaux (un planificateur de repas et un suivi de productivité).
Mis en place MailerLite pour offrir des versions gratuites en échange d'adresses email.
Publié chaque jour sur Instagram avec des visuels Canva et des citations générées par ChatGPT.

Elle gagna 93 dollars durant sa première semaine. À la troisième semaine, elle dépassa 1 000 dollars de ventes au total.

Lena ne vendait pas seulement des listes de contrôle. Elle vendait la tranquillité d'esprit. La sienne d'abord, puis celle des autres.

Son entreprise continua de grandir, en ajoutant des méditations guidées avec ElevenLabs, de courtes vidéos Reels créées avec Pictory et des packs imprimables qui se vendent désormais automatiquement.

Elle travaillait encore parfois depuis le café, écouteurs sur les oreilles, un latte à la main.

Et lorsque les gens lui demandaient : « Que fais-tu dans la vie ? »

Elle souriait et répondait :

« Je crée de la magie numérique avec l'intelligence artificielle. »

Parce que c'est exactement ce qu'elle avait construit : non pas une simple activité ou une startup, mais une vie.

Chapitre 6 : Automatisez tout, laissez l'IA gérer votre entreprise pour vous

La véritable puissance de l'intelligence artificielle ne réside pas seulement dans la création de contenu — elle se trouve dans l'automatisation.

Dans ce chapitre, nous allons vous montrer comment mettre en place des systèmes simples et intelligents afin que votre entreprise alimentée par l'IA puisse fonctionner presque toute seule : collecter des prospects automatiquement, livrer des produits, publier du contenu et répondre aux questions sans que vous ayez à intervenir.

Qu'est-ce que l'automatisation avec l'IA ?

L'automatisation par l'IA combine des outils logiciels, de la logique et de l'intelligence artificielle afin que les tâches répétitives soient effectuées en arrière-plan — de manière constante et instantanée.

Exemples :

Envoyer automatiquement un email de remerciement après un achat
Livrer un produit numérique 24 heures sur 24
Transformer une seule vidéo en cinq formats différents

Utiliser un chatbot pour répondre aux questions fréquentes sur votre entreprise

Ces tâches ne nécessitent plus d'intervention humaine — l'IA peut les accomplir plus rapidement, plus efficacement et à moindre coût.

Les outils principaux que vous utiliserez

Voici quelques-uns des outils d'automatisation les plus puissants et les plus faciles à utiliser pour les débutants.

Livraison d'emails : MailerLite, Systeme.io
Ils envoient des emails de bienvenue, des liens vers les produits et des newsletters.

Automatisation des flux de travail : Zapier, Make
Ils connectent différentes applications et automatisent les tâches (par exemple : « si une vente se produit, alors mettre à jour une feuille de calcul »).

Service client : Chatbase, ManyChat
Des chatbots alimentés par l'IA répondent aux questions des clients 24 heures sur 24.

Réseaux sociaux : Repurpose.io, Pictory
Ils publient automatiquement du contenu ou l'adaptent à différents formats pour plusieurs plateformes.

Planification et formulaires : Tally.so, Calendly
Ils permettent de planifier des appels ou de collecter des inscriptions sans que vous ayez à répondre manuellement.

Que faut-il automatiser en premier (gains rapides)

Commencez par des automatisations à fort impact et faciles à mettre en place.

Livraison de produits
Lorsqu'une personne achète sur Gumroad ou Etsy, elle reçoit immédiatement le produit — sans email manuel et sans attente.

Tunnel de capture de prospects
Utilisez MailerLite pour envoyer un produit numérique gratuit en échange d'une adresse email.

Séquence de bienvenue
Mettez en place une série d'emails sur trois jours pour informer, créer de la confiance et promouvoir une offre payante.

Réutilisation du contenu
Transformez une vidéo d'une minute générée par l'IA en plusieurs formats :
Une vidéo YouTube Short
Un Reel Instagram

Un TikTok
Une épingle Pinterest
Un résumé d'article de blog avec ChatGPT

Comment configurer votre première automatisation (exemple)

Supposons que vous souhaitiez ajouter automatiquement le nom et l'email d'un nouveau client dans une feuille Google Sheets.

Allez sur Zapier.com
Créez un nouveau « Zap »
Déclencheur : nouvelle vente sur Gumroad
Action : créer une nouvelle ligne dans Google Sheets
Connectez vos comptes
Terminé

Vous disposez maintenant d'un suivi automatique de vos ventes en temps réel.

Automatiser pour évoluer, pas pour disparaître

L'automatisation ne consiste pas à disparaître complètement. Elle vous permet de libérer votre temps pour des tâches plus stratégiques :

Créer davantage de produits
Construire de meilleures offres
Tester des campagnes publicitaires
Collaborer avec d'autres personnes

Vous travaillez sur l'entreprise, et non plus seulement dans l'entreprise.

Même si vous gagnez actuellement seulement 500 dollars par mois, l'automatisation garantit que ces revenus ne nécessitent pas 500 dollars de votre temps.

Récapitulatif : construire un système qui fonctionne sans vous

Vous n'avez pas besoin d'embaucher un assistant virtuel ni de constituer une équipe — l'IA devient votre équipe. Configurez une automatisation par semaine et, au bout d'un mois, votre entreprise pourra :

Collecter des prospects
Livrer des produits
Relancer les clients
Publier du contenu
Répondre aux questions

Tout cela sans intervention de votre part.

Dans la prochaine histoire, vous rencontrerez quelqu'un qui est passé d'entrepreneur débordé à « PDG de l'IA » en laissant l'automatisation gérer les tâches les plus lourdes.

Ravi était épuisé.

Il avait lancé son premier produit numérique — un modèle Notion pour entrepreneurs — et il était ravi de voir les ventes arriver pendant la première semaine. Vingt-sept ventes, pour être exact. À 17 dollars chacune, c'était plus qu'il n'avait jamais gagné en ligne.

Mais dès la deuxième semaine, il se sentait submergé.

Chaque commande signifiait :

Envoyer manuellement les liens de téléchargement
Répondre aux mêmes questions par email
Envoyer des reçus
Publier sur les réseaux sociaux pour maintenir le trafic
Mettre à jour une feuille de calcul pour suivre les ventes

Il avait créé un produit qui rapportait de l'argent. Mais il avait aussi créé un nouveau travail — et il en avait déjà un.

Ravi avait besoin d'aide, rapidement.

Un ami lui parla de Zapier, et tout changea.

En une seule après-midi, il apprit à :

Livrer automatiquement le produit via Gumroad
Envoyer un email de remerciement avec une liste de contrôle bonus grâce à MailerLite
Ajouter automatiquement les informations du client dans une feuille Google Sheets
Les identifier pour une future campagne de vente complémentaire

Une seule configuration. Un gain de temps infini.

Ensuite, Ravi découvrit Chatbase. Il téléversa un document PDF contenant les réponses aux questions les plus fréquentes de ses clients. Désormais, lorsqu'une personne demandait : « Comment dupliquer le modèle ? » ou « Est-ce compatible avec le mobile ? », son chatbot IA répondait automatiquement.

Plus d'emails de support tard le soir. Plus de stress.

Puis il s'attaqua aux réseaux sociaux.

Avec Pictory, Ravi transforma un article de blog en cinq vidéos courtes. Ensuite, Repurpose.io les publia automatiquement sur TikTok, Instagram, Facebook, YouTube et LinkedIn selon un calendrier.

Il n'ouvrait même plus les applications.

En quelques semaines, l'entreprise de Ravi s'était complètement transformée. Son produit se vendait en pilote automatique. Ses emails s'écrivaient et s'envoyaient automatiquement. Ses clients étaient servis par des robots. Son contenu était réutilisé et partagé pendant qu'il travaillait sur sa prochaine idée.

Il appelait cela la « délégation numérique ».

Et cela lui permit de passer du rôle d'opérateur à celui de propriétaire.

Ravi n'avait plus l'impression de courir sur un tapis roulant. Il avait construit un système qui fonctionnait tout seul — grâce à l'IA.

Aujourd'hui, quand on lui demande ce qu'il fait dans la vie, sa réponse est simple :

« Je construis des entreprises qui n'ont pas besoin de moi. »

Et cela devint sa nouvelle mission — non seulement gagner de l'argent, mais construire des systèmes de revenus automatisés qui créent de la liberté.

Il avait commencé avec un simple modèle Notion et un week-end d'expérimentation avec des outils d'IA.

Aujourd'hui, il se réveille avec des notifications de paiement sur Stripe tout en buvant son café en pyjama.

Et le meilleur dans tout cela ?

Il n'a jamais eu besoin d'embaucher une seule personne.

Chapitre 7 : Transformer l'IA en sources de revenus passifs qui se développent au fil du temps

Le revenu passif signifie gagner de l'argent en continu grâce à un travail que vous avez effectué une seule fois. Avec l'intelligence artificielle, créer des revenus passifs est non seulement possible, mais aussi plus rapide, plus simple et plus accessible que jamais. Dans ce chapitre, nous allons explorer comment construire des sources de revenus avec l'IA qui ne vous paient pas seulement une fois, mais qui continuent de générer des revenus mois après mois, avec peu ou pas d'effort supplémentaire.

La première étape consiste à changer votre état d'esprit : passer de l'échange de temps contre de l'argent à la création d'actifs numériques. Ces actifs — comme les ebooks, les cours en ligne, les documents imprimables, les modèles, les chaînes YouTube sans visage et les œuvres d'art générées par l'IA — peuvent être créés rapidement grâce aux outils d'IA et vendus à répétition en pilote automatique. Avec des plateformes comme Amazon KDP, Gumroad, Etsy, YouTube et Udemy, vous n'avez même pas besoin de votre propre site web ou d'une audience pour commencer. Ces plateformes disposent déjà d'acheteurs qui recherchent les types de produits que vous pouvez créer avec ChatGPT, Midjourney, Canva ou ElevenLabs.

Prenons quelques exemples. Un simple ebook de 25 pages rédigé avec ChatGPT peut être téléchargé sur Amazon KDP et vendu 9,99 dollars. S'il se vend seulement 100 fois par mois, cela représente 999 dollars de revenus passifs. Un planificateur imprimable conçu avec Canva peut être publié sur Etsy et téléchargé un nombre illimité de fois. Un cours numérique enregistré avec Synthesia ou HeyGen peut rester indéfiniment sur Udemy et attirer des étudiants pendant que vous dormez. Un livre audio narré avec ElevenLabs peut être distribué via Findaway Voices et générer des redevances dans le monde entier.

La clé est que chacun de ces actifs est évolutif. Que vous vendiez 10 ou 10 000 copies, votre coût et votre temps restent les mêmes. C'est la puissance des produits numériques et de l'IA : vous pouvez atteindre des marchés mondiaux instantanément sans stock, sans expédition et sans employés. Pour que cela fonctionne, concentrez-vous sur la résolution d'un problème clair d'une manière reproductible. Par exemple, si vous créez un guide pour aider les nouveaux parents à gérer les horaires de sommeil de leur bébé, et qu'il leur est utile, ils le recommanderont à d'autres. L'IA peut vous aider à l'écrire, à le mettre en forme, à l'enregistrer en version audio et même à concevoir la couverture. Vous le créez une fois. Il peut vous rapporter pendant des années.

Cependant, un revenu passif ne signifie pas ne rien faire. Cela signifie faire le travail une fois, puis mettre en place des systèmes qui le promeuvent et le livrent de manière constante. C'est là que des outils d'automatisation comme Zapier, MailerLite, Chatbase et Repurpose.io entrent en jeu. Ils vous permettent de continuer à créer de nouveaux actifs pendant que les anciens continuent à générer des revenus. Avec le temps, ces petits flux de revenus commencent à s'accumuler — un ebook, un cours, une chaîne YouTube à la fois — jusqu'à ce que vous construisiez un portefeuille de revenus numériques qui se développe progressivement.

N'essayez pas de devenir riche avec un seul produit. Essayez plutôt de créer cinq à dix actifs alimentés par l'IA qui génèrent chacun entre 200 et 1 000 dollars par mois. Cela peut être une combinaison de livres KDP, de documents imprimables, de packs d'art générés par l'IA ou de contenu vidéo sans visage. Chaque nouvel actif augmente votre revenu mensuel sans augmenter votre charge de travail. C'est ainsi que certaines personnes passent d'une activité à temps partiel à un revenu à temps plein : en laissant les systèmes numériques et les outils d'IA faire le travail lourd au fil du temps.

Dans la prochaine histoire, vous allez rencontrer quelqu'un qui est passé d'un simple revenu complémentaire à une semi-retraite, simplement en laissant l'IA alimenter son empire de revenus passifs.

Michael n'avait jamais prévu de devenir entrepreneur en ligne. C'était un professeur de sciences de lycée de 52 ans avec deux décennies passées en classe, des trajets fatigants et un désir discret de prendre une retraite anticipée. Ce qu'il voulait vraiment, c'était du temps — du temps pour lire, voyager et respirer. Il n'avait aucune expérience en technologie, aucune audience en ligne et très peu de temps libre. Mais un jour, lors d'une formation pour enseignants sur les nouvelles technologies dans l'éducation, il entendit le formateur mentionner ChatGPT presque par hasard. « Vous pouvez écrire tout un programme scolaire en cinq minutes », dit-elle. Michael prêta immédiatement attention.

Ce soir-là, la curiosité se transforma en action. Michael demanda à ChatGPT de générer un plan de cours sur les écosystèmes. En quelques secondes, l'IA lui fournit un plan détaillé avec des activités, des listes de vocabulaire et des questions de discussion. Il essaya quelques autres requêtes, puis il se dit : « Si cela peut écrire des cours, que peut-il encore faire ? »

Il passa le week-end à expérimenter avec ChatGPT, Canva et un compte gratuit sur Gumroad. Le dimanche soir, il avait créé un produit numérique : un journal d'apprentissage scientifique de 30 jours pour des élèves de collège. Il le fixa à 9 dollars, le téléversa sur Gumroad et publia le lien dans un groupe Facebook destiné aux familles pratiquant l'enseignement à domicile.

À sa grande surprise, il vendit trois copies en moins de 24 heures. Ce n'était pas beaucoup — 27 dollars au total — mais c'était réel. Il avait gagné de l'argent grâce à quelque chose qu'il avait créé avec un ordinateur portable et une idée.

Encouragé, Michael créa un second produit : un planificateur d'unité pédagogique sur la météo, avec des feuilles d'exercices et des corrigés, encore une fois conçus avec ChatGPT et Canva. Cette fois, il utilisa Pictory pour créer une courte vidéo de présentation et la publia sur une nouvelle chaîne YouTube. Il ajouta un lien d'affiliation vers son produit dans la description de la vidéo et partagea le tout dans un forum en ligne pour les parents pratiquant l'enseignement à domicile.

Les ventes commencèrent à arriver régulièrement. Puis Michael ajouta l'automatisation. Il mit en place MailerLite pour offrir une fiche gratuite sur la météo en échange d'une adresse email, puis envoya une séquence d'emails sur trois jours pour promouvoir son pack complet de produits. Chaque nouvel abonné devenait un client potentiel — sans que Michael n'ait besoin d'intervenir.

Il utilisa Zapier pour enregistrer chaque vente dans une feuille Google Sheets et Chatbase pour répondre aux questions concernant ses produits. Petit à petit, ses systèmes commencèrent à fonctionner ensemble. Un produit qu'il avait créé en un week-end continuait de lui rapporter de l'argent plusieurs mois plus tard.

Au fur et à mesure que sa confiance grandissait, sa bibliothèque d'actifs augmentait également. Il créa un mini-cours de sciences de la Terre avec des avatars Synthesia, comprenant des quiz et des explications vidéo. Il utilisa ElevenLabs pour narrer une version livre audio de son programme « 30 jours de défis scientifiques » et la publia sur Findaway Voices.

Il n'embaucha personne. Il ne filma rien. Il ne parla jamais dans un microphone. Pourtant, son contenu existait partout — automatisé, durable et en constante croissance.

À la fin de l'année, Michael possédait 14 produits numériques répartis sur Gumroad, Etsy, Udemy et KDP. Chacun générait entre 50 et 400 dollars par mois. Rien n'était devenu viral. Aucun produit n'avait explosé. Mais ensemble, ils rapportaient un peu plus de 3 800 dollars par mois — davantage que son salaire d'enseignant.

Pour la première fois, il voyait un chemin vers une retraite anticipée qui ne dépendait pas uniquement de l'épargne ou d'une pension, mais de systèmes numériques qu'il avait construits depuis son salon avec des outils accessibles à tous.

Quand les gens lui demandaient comment il trouvait le temps de faire tout cela, Michael souriait et répondait : « Je ne le trouve pas. L'IA s'en charge. »

Il avait découvert le véritable secret : créer quelque chose une fois, l'automatiser, puis passer au projet suivant. Aujourd'hui, il passe ses matinées à lire sur sa terrasse pendant que son téléphone vibre doucement avec de nouvelles commandes, de nouveaux téléchargements et de nouveaux auditeurs.

Son entreprise fonctionne pendant qu'il se repose. Et chaque nouveau produit qu'il ajoute ne lui demande pas plus de temps — il lui apporte simplement davantage de liberté.

Pour Michael, l'intelligence artificielle n'était pas seulement un ensemble d'outils. C'était une nouvelle perspective d'avenir : moins de stress, plus de temps et des revenus qui continuent même lorsqu'il arrête de travailler.

Le revenu passif n'était plus un rêve. C'était devenu sa nouvelle réalité.

Chapitre 8 : Utiliser l'IA pour créer et vendre des produits numériques à l'échelle mondiale

Les produits numériques comptent parmi les modèles économiques les plus évolutifs, accessibles et rentables au monde — et l'intelligence artificielle rend leur création et leur vente à l'échelle mondiale plus faciles que jamais. Contrairement aux produits physiques, les biens numériques n'ont aucun coût d'expédition, aucun stock à gérer et aucune limite quant au nombre de ventes possibles. Que vous créiez un ebook, un cours, un pack de designs, un document imprimable ou même une narration générée par IA, vous pouvez le vendre à n'importe qui, partout dans le monde, à tout moment — 24 heures sur 24, 365 jours par an.

L'intelligence artificielle supprime presque toutes les barrières qui empêchaient autrefois les gens de devenir créateurs numériques. Vous ne savez pas écrire ? ChatGPT peut vous aider à rédiger des manuscrits complets, des guides pratiques, des modèles d'emails ou des scripts. Vous n'êtes pas designer ? Canva et Midjourney vous permettent de créer de magnifiques visuels, couvertures et documents imprimables en quelques minutes. Vous n'aimez pas apparaître à la caméra ? Des outils comme Synthesia et HeyGen peuvent générer des avatars réalistes qui prononcent votre texte. Besoin d'une narration ? ElevenLabs propose des voix naturelles dans plusieurs langues et accents. Vous souhaitez toucher un public mondial ? Des outils de traduction basés sur l'IA comme DeepL ou ChatGPT peuvent vous aider à proposer votre contenu dans plusieurs langues et à accéder instantanément à des marchés internationaux.

Pour commencer, choisissez une niche ou un public que vous souhaitez aider — quelque chose que vous connaissez déjà ou qui vous intéresse. Utilisez ChatGPT pour générer des idées de produits, structurer votre contenu ou imaginer des fonctionnalités utiles. Par exemple, si vous souhaitez créer un planificateur de budget, vous pouvez demander à ChatGPT de créer la structure d'un suivi d'objectifs financiers sur 30 jours. Ensuite, concevez le modèle dans Canva, exportez-le en PDF et téléversez-le sur Etsy ou Gumroad. En quelques heures, vous pouvez avoir un produit prêt à être vendu — sans avoir écrit une seule phrase à partir de zéro.

Une fois votre produit publié, les plateformes mondiales font une grande partie du travail. Amazon KDP vous donne accès à des lecteurs internationaux. Etsy attire des acheteurs du monde entier. Gumroad permet des paiements dans plusieurs devises. Udemy et Teachable vous permettent de diffuser des cours dans de nombreux pays, tandis que YouTube vous donne accès à une audience sur tous les continents. L'IA vous aide également à adapter votre communication, traduire des sous-titres et ajuster vos visuels pour différentes cultures sans avoir besoin d'embaucher des traducteurs ou des designers.

Une autre stratégie puissante consiste à regrouper vos produits en offres multi-formats. Par exemple, rédigez un guide court avec ChatGPT, transformez-le en livre audio narré avec ElevenLabs, convertissez les leçons en diapositives avec Canva, puis vendez l'ensemble comme un « kit complet » sur votre site ou une plateforme de vente. Chaque élément peut être vendu séparément ou combiné dans des packs à plus forte valeur. Cela augmente la valeur moyenne de vos ventes et multiplie vos revenus à partir du même contenu de base.

Le secret du succès mondial avec les produits numériques n'est pas la perfection — c'est la répétabilité et la valeur. Concentrez-vous sur la résolution d'un petit problème pour une audience internationale et utilisez l'IA pour présenter cette solution sous le plus grand nombre de formats possibles. Ensuite, automatisez la livraison et la promotion avec des outils comme MailerLite, Zapier et Repurpose.io afin que le trafic et les ventes continuent pendant que vous dormez.

Dans la prochaine histoire, vous allez rencontrer une créatrice qui a utilisé l'intelligence artificielle non seulement pour construire une gamme mondiale de produits numériques, mais aussi pour atteindre des milliers de clients dans plusieurs langues — sans équipe, sans bureau et sans expérience technique.

Isabella a toujours aimé créer. Ancienne professeure de langues à São Paulo, elle avait une passion pour l'apprentissage et pour aider les autres. Mais elle avait quitté l'enseignement plusieurs années auparavant pour élever ses deux fils. Sans formation en affaires et avec des compétences techniques limitées, elle ne s'était jamais imaginée comme entrepreneure. Pourtant, lorsque sa famille commença à subir des difficultés financières pendant une période de ralentissement économique, elle se mit à chercher des moyens de gagner de l'argent depuis chez elle.

Un soir, elle tomba sur une vidéo YouTube qui changea tout. La vidéo montrait comment certaines personnes utilisaient ChatGPT, Canva et Etsy pour créer et vendre des journaux imprimables en anglais, sans aucune expérience en design. Isabella se demanda alors : pourrait-elle faire la même chose en portugais ?

Le lendemain matin, elle ouvrit un compte ChatGPT gratuit et écrivit une demande en portugais. L'IA généra immédiatement un plan détaillé avec des exercices quotidiens et des citations inspirantes. Isabella fut impressionnée. Elle copia le texte dans Canva, choisit un modèle doux et élégant, ajouta sa touche personnelle et transforma le tout en un journal de gratitude de 30 jours parfaitement présenté.

Elle téléversa le PDF sur Etsy, ajouta des options de paiement brésiliennes via Gumroad et commença à partager son produit dans des groupes Facebook locaux et des communautés WhatsApp.

À sa surprise, les ventes arrivèrent rapidement. En deux jours seulement, elle vendit dix exemplaires de son journal — gagnant plus que ce qu'elle gagnait auparavant en donnant des cours particuliers à temps partiel.

Encouragée, elle utilisa ChatGPT pour traduire le contenu en espagnol et en anglais, puis utilisa DeepL pour améliorer la qualité linguistique et adapter le texte aux différentes cultures. Elle créa des annonces séparées pour chaque version, en ajustant légèrement les couleurs et le design pour correspondre au ton de chaque langue et de chaque public.

Très vite, elle vendait ses journaux aux États-Unis, au Mexique, au Portugal et même en France. La demande mondiale la surprit. Elle utilisa ElevenLabs pour créer une version audio de son journal en anglais et en portugais, la combina avec la version imprimable et proposa l'ensemble comme un « kit de pleine conscience » premium sur Gumroad. Des clients provenant de cinq continents téléchargèrent son pack au cours du premier mois.

Isabella comprit rapidement qu'elle avait créé quelque chose de puissant : des produits numériques répondant à un besoin émotionnel réel, soutenus par des outils d'IA qui ne nécessitaient presque aucun travail supplémentaire. Elle utilisa MailerLite pour automatiser les emails de suivi avec de nouvelles affirmations et des offres promotionnelles, et Zapier pour suivre ses ventes internationales. Elle publia des courtes vidéos créées avec Pictory, accompagnées de musique apaisante et de citations quotidiennes traduites en trois langues, puis les programma automatiquement avec Meta Business Suite. Sa présence sur les réseaux sociaux grandit sans qu'elle n'ait jamais à enregistrer de vidéo ou apparaître devant la caméra.

En trois mois, Isabella avait lancé plus d'une douzaine de produits : guides de développement personnel, fiches d'apprentissage des langues et cartes d'affirmations — tous créés avec l'aide de l'IA. Son produit le plus vendu était un imprimable trilingue intitulé « Morning Mindset », qui s'est vendu près de 300 fois en 30 jours. Pour quelqu'un qui doutait autrefois que quelqu'un puisse acheter son travail, elle touchait désormais des clients dans plus de 40 pays — sans expédier un seul produit.

En repensant à son parcours, la chose la plus surprenante n'était pas qu'elle ait gagné de l'argent. C'était que les outils aient rendu les opportunités accessibles à tous. Elle n'avait pas besoin d'un grand budget, d'un diplôme en marketing ou d'un anglais parfait. L'IA l'avait aidée à transformer ses idées en impact mondial.

Depuis son petit appartement à São Paulo, avec un ordinateur portable et des outils d'IA gratuits, Isabella était devenue entrepreneure dans le domaine des produits numériques avec une clientèle internationale.

Elle enseigne maintenant à ses fils ce qu'elle a appris : qu'il est possible de créer quelque chose de précieux dans sa propre langue, avec sa propre voix, et de le partager avec le monde.

Pour elle, les produits numériques ne représentent pas seulement un revenu — ils sont un pont. Un pont entre le local et le global. Entre les difficultés financières et la liberté. Entre une idée et un véritable impact.

Chapitre 9 : Construire votre marque alimentée par l'IA sans apparaître à la caméra

Vous n'avez pas besoin d'apparaître à la caméra pour construire une marque puissante et rentable. Grâce à l'intelligence artificielle, il est désormais plus facile que jamais de créer du contenu **sans visage (faceless)** qui développe votre autorité, attire une audience et génère des revenus sur plusieurs plateformes — sans jamais montrer votre visage, parler dans un micro ou embaucher une équipe.

La peur d'être filmé est l'une des principales raisons pour lesquelles beaucoup de personnes évitent de lancer un business basé sur le contenu. Mais la vérité est que de nombreux créateurs parmi les plus performants aujourd'hui sont totalement anonymes. Certains utilisent des voix off. D'autres s'appuient sur du texte. Certains construisent même des entreprises entières autour d'avatars IA, d'animations sans visage ou de visuels générés entièrement avec des outils comme Midjourney, Canva ou Pictory. Votre marque n'est pas votre visage. C'est votre message, votre style, votre constance — et l'IA vous aide à structurer et diffuser ce message de multiples façons.

Pour construire une marque sans visage, commencez par définir votre niche et votre style. Utilisez ChatGPT pour vous aider à trouver des idées de contenu, le ton de votre marque et même votre nom. Par exemple, si vous souhaitez créer une marque motivationnelle pour jeunes professionnels, vous pouvez demander à ChatGPT de suggérer un nom, d'écrire un slogan et de générer 30 idées de scripts vidéo. Ensuite, utilisez Canva ou Midjourney pour créer des logos, des bannières sociales et des visuels de citations. Avec des outils comme Pictory ou Invideo, vous pouvez transformer des scripts écrits en vidéos avec des images d'archives, de la musique de fond et des voix générées par IA — sans tournage ni montage.

L'une des stratégies les plus efficaces consiste à produire du contenu court : **YouTube Shorts, Instagram Reels et TikTok**. Ces vidéos de 15 à 60 secondes fonctionnent extrêmement bien pour les créateurs sans visage. Vous pouvez transformer des articles de blog ou des citations en vidéos avec Pictory ou CapCut, puis ajouter une narration avec ElevenLabs ou Play.ht. Ajoutez une musique libre de droits, exportez et publiez. Les plateformes favorisent la constance ; utiliser des outils IA pour créer et programmer du contenu en lot vous donne donc un avantage.

Votre marque sans visage peut aussi dépasser les réseaux sociaux. Vous pouvez utiliser ElevenLabs pour créer des épisodes de podcast à partir d'articles de blog ou des livres audio narrés. Vous pouvez utiliser ChatGPT pour écrire des newsletters ou des articles longs sur Medium. Et vous pouvez utiliser votre identité sans visage pour vendre des produits numériques, proposer des abonnements et même licencier votre contenu — sans jamais apparaître devant une caméra.

Une autre excellente option consiste à créer un **avatar IA** avec des outils comme Synthesia ou HeyGen. Ces outils permettent de générer un présentateur réaliste capable de parler dans n'importe quelle langue. Vous pouvez utiliser cet avatar pour enseigner, présenter ou partager du contenu à votre place — idéal pour les cours en ligne, les chaînes YouTube ou les publicités vidéo. Combiné avec le clonage vocal et les outils texte-vers-vidéo, votre marque devient évolutive et multilingue avec un effort minimal.

Votre audience ne se soucie pas de savoir si vous êtes à l'écran. Ce qui compte pour elle, c'est la **clarté, la constance et la valeur**. Avec l'IA, vous pouvez offrir ces trois éléments sans être visible. Et à mesure que votre marque se développe, vous pouvez choisir de révéler votre visage — ou de garder le mystère. Dans tous les cas, l'IA vous permet de construire quelque chose de réel, respecté et générateur de revenus tout en restant totalement en coulisses.

Dans l'histoire suivante, vous rencontrerez quelqu'un qui a construit une **marque sans visage à six chiffres en moins d'un an**, depuis un simple bureau à domicile, en utilisant l'IA pour être vu et entendu sans jamais être reconnu.

Personne ne savait qui gérait le compte Instagram « **Wisdom Pulse** ». Le logo était simple : du texte blanc sur fond noir. Les vidéos l'étaient encore plus : des voix off apaisantes, une musique minimaliste et des citations affichées sur des images au ralenti de vagues, de forêts ou de rues urbaines. Pourtant, en huit mois, la page avait dépassé les 200 000 abonnés, générait plus d'un million de vues par semaine et avait discrètement produit plus de 110 000 $ de revenus. Derrière tout cela se trouvait Adrian — un homme de 29 ans souffrant d'anxiété sociale qui n'avait pas montré son visage en ligne depuis plus de cinq ans.

Adrian avait toujours aimé les mots. Il remplissait des carnets d'idées, de citations et de réflexions. Mais chaque fois qu'il pensait à les partager en ligne, il se paralysait. L'idée de se filmer, d'être jugé ou de devenir viral pour de mauvaises raisons lui serrait la poitrine. Pendant des années, il est resté spectateur — regardant les autres publier, grandir et construire leur audience. Puis un soir, après avoir regardé des dizaines de tutoriels sur l'IA sur YouTube, quelque chose a changé. Et s'il n'avait pas besoin d'être le visage ? Et si le message pouvait exister seul ?

Le lendemain matin, Adrian ouvrit ChatGPT et écrivit :
« Écris un court script motivationnel pour quelqu'un qui traverse une période difficile. »

La réponse fut magnifique. Honnête. Humaine.

Il copia le texte dans ElevenLabs, choisit une voix masculine calme, et l'associa à des images B-roll provenant de Pictory. En moins d'une heure, il avait une vidéo d'une minute. Pas de caméra. Pas de micro. Juste un message puissant, livré par une machine. Il la publia sur Instagram et TikTok sous le nom **Wisdom Pulse**.

La vidéo obtint 73 vues.

Pas extraordinaire. Pas terrible non plus. Mais suffisant.

Le lendemain, il en créa deux autres. Puis cinq autres le jour suivant. En utilisant ChatGPT pour générer des idées, Canva pour créer les visuels, ElevenLabs pour les voix off et Pictory pour le montage, Adrian commença à bâtir une bibliothèque de contenu puissant et sans visage. Sa formule était simple : une citation, un script, une minute, chaque jour.

À la troisième semaine, l'une de ses vidéos atteignit 17 000 vues. Les commentaires commencèrent à apparaître :
« J'avais besoin d'entendre ça aujourd'hui. »
« Merci. »
« Cette voix est apaisante. »

Personne ne demandait qui il était — et c'était parfait.

À mesure que le compte grandissait, Adrian élargit son offre. Il créa un journal numérique basé sur ses scripts avec Canva, l'associa à une série d'affirmations audio créées avec ElevenLabs et le proposa en téléchargement à 19 $ sur Gumroad. Lorsqu'une personne achetait, il n'avait rien à faire : l'automatisation s'occupait de tout. Il ajouta une checklist gratuite « Daily Reset » comme aimant à prospects et mit en place une séquence d'emails MailerLite qui offrait du contenu utile tout en promouvant son journal, son pack audio et plus tard son premier cours numérique sur la résilience émotionnelle — narré par IA et hébergé sur Teachable.

Au sixième mois, il avait plus de **30 000 abonnés email, 500 000 abonnés sur les réseaux** et gagnait chaque mois plus que dans son ancien emploi.

Il n'avait jamais enregistré de vidéo.
Jamais montré son visage.
Jamais prononcé un mot.

La marque d'Adrian devint un refuge — sans visage, mais pleine d'âme. Les gens ne le suivaient pas lui. Ils suivaient le sentiment qu'il créait. Son énergie calme, amplifiée par l'IA, était devenue un véritable business. Une voix pour ceux qui n'en avaient pas. Une présence sans présence.

Lorsqu'on lui demandait s'il apparaîtrait un jour à la caméra, Adrian souriait simplement et disait :
« Le message compte plus que le messager. »

L'IA lui avait donné la liberté de construire dans le silence — et de laisser sa marque parler pour lui.

Chapitre 10 : Votre plan de liberté à long terme avec l'IA — Développer, licencier ou vendre

Une fois que vous avez créé votre première source de revenus alimentée par l'IA, l'étape suivante consiste à penser sur le long terme. Que voulez-vous que cela devienne ? Un revenu complémentaire ? Une entreprise de style de vie ? Un actif numérique que vous pourrez vendre ? Ce dernier chapitre porte sur la transformation de votre travail basé sur l'IA en une liberté durable — que cela signifie développer votre activité, licencier vos créations ou préparer la vente de votre entreprise pour un paiement unique.

Se développer signifie augmenter votre impact et vos revenus sans augmenter votre temps de travail. Avec l'IA, cela est tout à fait possible. Vous pouvez vous développer en créant des bundles de produits numériques, en réutilisant du contenu sur plusieurs plateformes, en proposant des versions premium ou en lançant vos produits dans plusieurs langues. Par exemple, un cours numérique créé une seule fois avec ChatGPT et Synthesia peut être traduit et réenregistré en espagnol, français ou allemand à l'aide d'outils de voix IA. Ce même cours peut ensuite être vendu simultanément sur plusieurs plateformes (Udemy, Teachable, Gumroad), créant ainsi plusieurs flux de revenus à partir d'un seul produit.

Une autre façon de se développer consiste à utiliser l'automatisation et la délégation. Vous pouvez utiliser des outils comme Zapier, Chatbase et MailerLite pour gérer les ventes, le service client et le marketing, vous libérant ainsi pour vous concentrer sur de nouvelles idées. Une fois que vous gagnez un revenu régulier, réinvestissez dans l'amélioration de vos systèmes ou dans l'embauche d'aide pour les quelques tâches que l'IA ne réalise pas encore parfaitement (comme le design personnalisé ou les retouches manuelles). De nombreuses entreprises alimentées par l'IA et gérées par une seule personne atteignent entre 5 000 et 20 000 dollars par mois avec seulement quelques heures de maintenance hebdomadaire et très peu de frais généraux.

La licence est une autre voie intelligente pour générer des revenus à long terme. Si vous avez créé un actif numérique utile — comme une bibliothèque de vidéos éducatives, une série de cahiers d'exercices ou une archive de voix off spécialisées — vous pouvez le concéder sous licence à d'autres entreprises, coachs, écoles ou créateurs de contenu. Au lieu de vendre des produits une seule fois, vous accordez des droits d'utilisation en échange de paiements récurrents. L'IA vous aide à créer et personnaliser ces actifs plus rapidement, et des plateformes comme Gumroad ou Podia vous permettent de contrôler l'accès et les prix.

Enfin, l'opportunité la plus souvent négligée est la sortie — la vente de votre entreprise numérique. Comme l'immobilier, votre entreprise en ligne peut devenir un actif précieux et vendable. Des sites comme Flippa, Empire Flippers et MicroAcquire proposent des milliers d'entreprises en ligne à vendre, y compris des chaînes YouTube sans visage, des boutiques Etsy, des bibliothèques d'eBooks et des sites web alimentés par l'IA. Si vous disposez d'un trafic constant, de revenus, de systèmes automatisés et d'une audience en croissance, votre entreprise numérique peut valoir entre 12 et 36 fois son profit mensuel. Cela signifie qu'une entreprise gagnant 2 000 dollars par mois pourrait se vendre entre 24 000 et 72 000 dollars — voire plus.

Que vous choisissiez de développer, de licencier ou de vendre, la clé est de traiter votre marque basée sur l'IA comme une véritable entreprise dès le départ. Utilisez des outils pour suivre vos performances, garder vos systèmes organisés et rester concentré sur la création de valeur réelle. Les revenus suivront. Mais plus important encore, votre liberté suivra également — celle qui vous permet de travailler selon vos propres conditions, depuis n'importe où dans le monde, avec seulement un ordinateur portable et quelques outils d'IA.

Dans l'histoire finale, vous découvrirez quelqu'un qui a commencé avec un seul eBook alimenté par l'IA et qui a finalement vendu sa marque numérique pour six chiffres — prouvant que même le projet IA le plus simple peut devenir un véhicule de création de richesse à long terme.

Ethan a commencé avec un seul eBook. C'était un guide court de 40 pages intitulé **Mastering Remote Work**, entièrement écrit avec l'aide de ChatGPT. Il l'a mis en forme dans Canva, a ajouté une couverture simple et l'a mis en vente sur Gumroad. Le premier mois, il a gagné 142 dollars. Rien d'extraordinaire — mais c'était la preuve que des gens étaient prêts à payer pour quelque chose qu'il avait créé. Encouragé, il a continué. Au cours des trois mois suivants, Ethan a créé trois autres guides : l'un sur la productivité, un autre sur les outils d'IA pour les freelances, et un troisième sur la création de portfolios en ligne. Il a utilisé ChatGPT pour rédiger le contenu, ElevenLabs pour narrer les versions audiobook et Pictory pour créer des vidéos promotionnelles. Il a regroupé l'ensemble dans une série de produits numériques appelée **The Digital Work Toolkit** et a lancé un site web pour les présenter.

Les ventes ont commencé à augmenter. Ethan a mis en place des séquences d'emails automatisées dans MailerLite pour relancer les clients, proposer des bundles de produits et offrir des aimants à prospects gratuits. Il a utilisé Zapier pour connecter Gumroad à Google Sheets, suivre chaque acheteur et relier les données de vente à sa liste email. En six mois, sa petite bibliothèque de produits rapportait environ 1 500 dollars par mois. Il n'avait pas d'équipe. Il ne passait pas des heures à créer du contenu. Les outils d'IA faisaient la majeure partie du travail — et ils ne demandaient ni salaire ni congés.

Mais Ethan ne s'est pas arrêté à la vente de produits. Il a commencé à recevoir des messages de propriétaires de petites entreprises lui demandant s'ils pouvaient « emprunter » son contenu pour former leurs équipes en télétravail. C'est alors qu'il a découvert la licence. Il a réécrit sa collection d'eBooks dans un format **white-label** et l'a proposée aux entreprises moyennant un paiement unique ou une licence annuelle. Avec une simple page de vente créée sur Carrd et un lien de paiement, Ethan a conclu trois contrats d'entreprise en un mois — chacun d'une valeur de 1 000 dollars. Il était passé de clients ponctuels à des clients professionnels récurrents. Grâce à l'IA, il pouvait mettre à jour et reconditionner son contenu rapidement. Il utilisait ChatGPT pour adapter certaines sections à des secteurs spécifiques et ElevenLabs pour générer des narrations personnalisées avec différents tons et accents.

À mesure que sa bibliothèque de produits et de licences grandissait, son audience grandissait également. Sa chaîne YouTube sans visage, où il publiait chaque semaine des résumés narrés de ses guides, a dépassé les 10 000 abonnés. Sa liste email a atteint 25 000 contacts. Il avait construit quelque chose de réel — quelque chose qui ne dépendait plus de son temps. C'était automatisé, mondial et en croissance constante.

Puis, la deuxième année, Ethan a fait quelque chose d'audacieux : il l'a vendu.

Il a listé son entreprise numérique sur Flippa. En quelques semaines, il a reçu trois offres. L'un des acheteurs était une entreprise spécialisée dans la formation des équipes en télétravail. Ils appréciaient que le contenu soit généré par IA, automatisé et déjà monétisé à travers plusieurs flux — eBooks, audiobooks, licences, publicités YouTube et marketing par email. Après quelques négociations, ils se sont mis d'accord sur un prix : **72 000 dollars**.

Cela semblait irréel. Une entreprise construite avec des outils gratuits, quelques week-ends tranquilles et une simple idée venait de se vendre pour plus que ses deux dernières années de salaire combinées. Et il avait tout fait sans enregistrer une seule vidéo, sans embaucher un seul employé et sans lever le moindre financement.

Lorsqu'on lui demanda ce qui avait rendu cela possible, Ethan ne parla ni de chance, ni de timing, ni de génie.

Il répondit simplement :
« Je l'ai traité comme un actif. Je l'ai construit en pensant à la fin dès le début. L'IA a simplement rendu tout cela plus rapide. »

Après cette vente, Ethan a pris six mois pour voyager. Mais il n'avait pas fini. Il avait déjà commencé à esquisser son prochain projet IA — cette fois dans une autre niche, avec plus d'automatisation et une vision encore plus grande.

Car une fois que vous avez vu ce que l'IA peut faire — non seulement pour vos revenus, mais pour votre temps, votre liberté et votre avenir — il n'y a plus de retour en arrière.

Vous cessez de demander : « Et si ? »
Et vous commencez à demander : **« Quelle est la prochaine étape ? »**

Résumé final

L'intelligence artificielle n'est plus un concept lointain ni un outil réservé aux experts. Elle est là, elle est accessible, et elle est prête à travailler pour vous. Tout au long de ce livre, vous avez appris comment l'IA peut vous aider à écrire, concevoir, parler, automatiser, vendre et développer — sans formation technique, sans apparaître à la caméra, et souvent sans dépenser plus que quelques dollars. Que votre objectif soit un revenu supplémentaire, une liberté totale de temps ou la création d'une entreprise que vous pourrez un jour vendre, le chemin est clair : commencez simplement, construisez des systèmes et utilisez l'IA comme votre équipe.

Vous avez vu comment des personnes ordinaires — parents, enseignants, créatifs et professionnels — ont utilisé l'IA pour transformer leur vie. Vous avez découvert les outils qu'ils ont utilisés, les étapes qu'ils ont suivies et l'état d'esprit qu'ils ont adopté. L'IA ne remplace pas l'ambition. Elle l'amplifie. Elle prend vos idées, votre voix et votre perspective — et les transforme en produits, en entreprises et en marques capables d'atteindre le monde entier.

Ce n'est pas la fin de votre parcours. C'est votre point de départ. Vous disposez désormais des bases, de l'inspiration et d'une feuille de route. La prochaine étape vous appartient.

Mots de conclusion de l'auteur, Joe Correa

Si vous êtes arrivé jusqu'ici, merci. Vous avez investi votre ressource la plus précieuse — votre temps — et je ne prends pas cela à la légère. Lorsque j'ai découvert les outils d'intelligence artificielle pour la première fois, je ne savais pas à quoi m'attendre. Je n'avais pas une grande équipe, ni une agence marketing, ni beaucoup d'argent. Ce que j'avais, c'était le désir de construire quelque chose de réel, quelque chose que je pouvais contrôler. Et l'IA m'a donné cette opportunité.

Depuis, j'ai créé des cours, des livres, des produits numériques et des entreprises automatisées qui touchent des personnes partout dans le monde — la plupart construits dans des moments calmes à la maison, en utilisant des outils gratuits ou abordables. Je dis cela non pas pour vous impressionner, mais pour vous montrer que si je peux le faire, vous le pouvez aussi.

Vous n'avez pas besoin d'être un génie de la technologie. Vous n'avez pas besoin de permission. Ce dont vous avez besoin, c'est de clarté, de constance et du courage de faire le premier pas — même s'il est imparfait. L'IA ne peut pas remplacer votre créativité ni votre voix — mais elle peut multiplier votre portée et libérer votre temps afin que vous puissiez vous concentrer sur ce qui compte vraiment.

En avançant, je vous encourage à passer à l'action. Choisissez une méthode, un outil ou une idée de ce livre et construisez quelque chose avec cette semaine. Pas un jour — cette semaine. Car une fois que vous faites ce premier pas imparfait, l'élan suivra.

Votre liberté ne vient pas de l'attente. Elle vient de la création.

Voici votre voyage — du débutant curieux au créateur confiant, puis à l'entrepreneur numérique.

Construisons votre empire de revenus avec l'IA — une décision intelligente à la fois.

www.ingramcontent.com/pod-product-compliance
Lightning Source LLC
LaVergne TN
LVHW010839051026
849532LV00007B/2755